AF253586

DISCOVRS

VERITABLE, D'VN

Vſurier de Remilly en Sauoye, lequel c'eſt pendu & eſtranglé auec le licol de ſa Iument, le 16. May 1604. Auec ſa complainte en rime Sauoyarde.

M. D. C. IIII.

DISCOVRS

VERITABLE, D'VN

Vſurier de Remilly en Sauoye, lequel
c'eſt pendu & eſtranglé auec le licol
de ſa Iument, le 16. May 1604. Auec
ſa complainte en rime Sauoyarde.

M. D. C. IIII.

Paris. — Imprimerie de AD. LAINÉ et J. HAVARD, rue des Saints-Pères, 19.

DISCOVRS VERITABLE D'VN

vſurier de Remilly en Sauoye qui c'eſt pendu & eſtranglé auec le licol de ſa Iument le 16. May 1604 Auec ſa complainte en rime Sauoyarde.

E peché d'auarice à eſté tellement odieux, non ſeulement aux Chreſtiens : mais encores aux Payens, tant que pluſieurs Philoſophes ont tenu ce vice en horreur, comme eſtant le conduit de tous autres, meſme Antipe ayant vendu ſon patrimoine, tenant l'argent à ſa main s'approche au bord de la mer, où il noya ſondit argent, diſant alez mal'heureuſe conuoitiſe au profond des abiſmes : car ie vous noye afin que ne me puiſſiez ſubmerger. Timon Citoyen d'Athenes, grand ennemy du genre humain, diſoit qu'il y auoit quatre helemens de toutes les meſchancetés : ſçauoir l'enuie, l'orgueil, l'ambition & l'auarice, deſquels prenoit naiſſance toute autre ſorte de peché, nous voyons iournellement ſortir de l'ambition & l'auarice l'vſure & la rapine. Ce grand Theocrite interrogé que ſont les plus horribles & farouches beſtes de toutes, reſpondit ? Par les deſerts, bois & montaignes, ce ſont les Ours & Lyons, par les villes & citez les vſuriers & auaritieux : car deſpuis que l'homme s'adonne à ce miſerable vice il oublie ſon Dieu, enſemble toute charité luy deffaillent, tout ces ſouci ne ſont autre ſinon que de viſer à la totalle ruïne de ces prochains, le diable le tient tellement lié que bien ſouuent ce voyant priués de ces deſirs, il entre au deſeſpoir, comme par exemple pourrez voir par ceſte hiſtoire tref-veritable, arriué le 16. May année preſente 1604. A Remilly petite ville de Sauoye

A 2   d'vn

d'vn vfurier nommé Pierre de l'Ormo de l'aage de cin-
quante quatre ans, où enuiron, affes riche en grain, be-
ftail, argent, inmeubles, auec quelque debtes qu'il luy
eftoit deubs, dont il auoyt efté contrainct atermoyer ces
debiteurs quelque années auparauant, lors que du con-
fentement du Senat l'Aduocat patremonial de Sauoye re-
cherchoit les vfuriers, auffi tout contract vfuraire, dont
noftre vsurier en feut pour vne bonne amende : car il pref-
toit à la Iudaique, fçauoir *Cento per cento*, toutesfois il
en fut quitte a affes bon marché, parce qu'vn recepueur
defdites amende nommé Eftienne de la Fon, fort bon
praticien, vint amoureux d'vne fille vnicque dudit de
l'Ormo laquelle eftoit agée de quinze ans, affes jolie
nommée Iaqueline, autant remplie de vertus que fon
pere eftoit de vices : car on voit ordinairement les rofes
croiftre dans les efpines. De la Fon n'euft pas pluftoft
demandé cefte fille qu'elle luy feut accordée, veu que ce
maiftre vsurier confideroit que fi la luy refufoit de faire vn ennemy qui auec le temps luy eut porté preiudice,
d'ailleurs il le cognoiffoit homme de praticque & qu'il
feroit propre en fa maifon, pour luy affifter à la pourfuit-
te de ces debtes qu'il auoit, tant de la commune du lieu que
de plufieurs autres particuliers : toutes ces raifons fer-
uirent de motif & d'occafion à le receuoir pour fon gendre. Defpuis cefte recherche vfuriale il ne ce mit plus à
l'aduenture de prefter, crainte d'eftre reprins, il recherche vn autre expedient. Comme lon auoyt paracheué la
culiette il acheptoit des pauures neceffiteux, où prenoit
en payement de ces debiteurs du grain faifant des gre-
niers, au vendanges, de mesme du vin, puis attendoit vne
cherté pour debiter ces denrées, eftimant les vendre trois
où quatre foys plus qu'il ne les auoit achettée : mais ces
malheureux deffin ne vindrent pas à fon fouhait. Par la
prouidence de Dieu les annees confecutiues furent fer-

tilles

tilles en telle forte qu'à tout coup ce miserable entroit au désespoir mefme au vendanges paffées fans fon gendre il fe gettoit du pont de Remilly aux precipices & eaux corantes embas. De la Fon le voyant balancer & luy dire adieu d'vne voix renqueufe, l'empoigne tout foudain luy difant ces trois mots, mon pere, auez vous oublié Dieu, voulez vovs fi miserablement perdre voftre corps & voftre ame pour le bien de ce monde, dequoy vous triftés vous ? n'auons nous pas Dieu mercy affes pour viure, au fieu que vous deuffiez me remettre la charge de tout vos affaires & ne vous mefler que de prier Dieu & faire bonne chere, viuant en repos fans vous malheureufement vouloir défefpérer. Venez mon pere, retournez en voftre bon fens, ces mots apaiferent pour celle fois ces mauuais deffain. Du defpuis vn Bourgeois de la ville eftant en neceffité d'argent mis en vente vne fort belle poffeffion joignant celle de noftre vfurier, craignant d'eftre preuenu il fi entend, il conuienne du pris, fçauoir la fomme de cinq mille florins monnoye de ce lieu, il contraÆte il baille trois mille florins contant, du refte il s'oblige payable à la S. Iean prochain, foubs l'efpoir qu'il auoit de vendre bien ces grains à la queuë de la faifon aux pauures indigens & neceffiteux : mais le tout puiffant depart tout ces deffains en fumee, les fruiÆts font efchappés de la gelée, il font fort belle montre, Dieu par fa fainÆte grace les conferue, le blé & vin reuale, voila noftre vfurier au defefpoir. Il fe tire la barbe, il frappe du pié la terre, il depitte contre le ciel, il vomit vne complainte en fon lengaige, comme s'enfuit.

Ha ! mor, mor que tan ge defiro,
Vin troua lo pouro Piro,
Piro de Lormo que tan fachia
Quo vodrey etre ecorchia.

Vin don vitto, vin te foula,
Ho bin ge mirey pendola,
La! ge auin fiance de vey
Vendre la mefoura do bla epey,
Quaque di ou doufe florin,
Et poite quinfe lana de mon vin.
Ge n'en trouo do bla que dou,
Et do vin ge ne ney que nou,
Ha! meina la poura pache,
Ge menvo cherchi ona atache,
Per mala vito pendola,
Se joufo gagni fu mon bla,
Ge oufo oncor garda mon vin,
Tan quo loufey de folie cin.
Gey acheta dou compare Barquet,
Sa bela grange do triquet,
E me fo troua a la San Ian,
Dou mile florin de bon argen,
Sou lafuirance que jauin
Bin vendre mon bla & mon vin,
Ge ly fi cela promefa,
Don gey o cor gran detrefa.
Veni diacho, veni vo fen tuy,
Fate icy endrey on pertuy,
Que ge perfondey tou don cou,
Ge fey de viure tan fou,
Que ge ne fet poi ple yta,
Veni don fen plé areta.
A dy Tiuen de la Fon,
Quan giro defu lo pon,
Ce te moufey leffy quala,
Ge nirin pa ore me pendola,
Gé te prio ce tet mon amy,
Que lou bla que fon a lo grany

Te

Te lo gardey ple tou fen fin,
Se te ne lo ven amen fet florin,
Leffe lo pory, leffe lo germa,
Ple tou quo aley tou à ma.
Per lo regar de mon vin,
Te naret bin doufe florin,
Fe d'argen per payé Barquet,
A fin que te fey metre do triquet,
A di, a di ma Iaquelina,
Te faré bin megra mina,
Quan te me verret pendola,
O he prou carcauela,
Sorty diacho, forti denfer,
Sorti Satan, forti Locifer,
Veni me eida a fo viagio,
De me pendre gey bon coragio.

Apres auoir dit ces mots il va a fon eftable, detache fa jument pour s'attacher de fon licol, il paffe la corde & l'attache à vn efchelon d'vne grand efchelle qu'il montoyt à fa feniere, il monte, il ce met ce fale ordre de defespoir au col, puis fe lanfant en bas apres s'ettre quelque peu débattu finit ainfi fa miférable vie. De la Fon fon gendre venant des champs pour vn arbitrage, ayant mis pié à terre pour ferrer fon cheual à l'eftable, vint & heurte de la face contre les pieds de fon beau pere qui respiroit encore. Ie vous demande s'y feut eftonné, voyant ce fpectacle, il demande fa femme pour luy faire voir ce que jamais le n'eut penfé, lon la treuue ché vne fienne parente qu'elle eftoit allé voir en couche : ces triftes nouuelles la font demeurer en extafe. Voila meffieurs la trefque mal'heureufe fin d'vn Vfurier infatiable, ie ne meftonne fi les Poëttes on faint ce auare roy Midas mourir auec des oreilles d'afne, pour auoir de-

mandé

mandé à Iupiter que ce qui toucheroit deuint or, voila le fruict de ceste insatiable auarice. Ceux qui ont fait le voyage de Lamerique deteste les Sauuaiges de ce lieu, attendu qu'ils ont guerre inmortelle contre les Margajacs, & lors qu'ils ont vn prisonnier de guerre, le font rostir par piece sus le boucan, puis le mangent. En apres ie diray à la verité que si on considere à bon escient ce que font nos gros Vsuriers, sucsans le sang & la moëlle & par consequent mangent tout en vie tant de vefues, orphelins & autres pauures personnes, ausquels il vaudroit mieux couper la gorge tout d'vn coup, que de les faire ainsi languir, qu'on dira qu'il sont encor' plus cruel que les Sauuages dont ie parle. Voyla aussi pourquoy le Prophette Michée dit que telles gens escorchent la peau, mangent la chair, rompent & brisent les os du peuple de Dieu, comme si les faisoyt bouillir dans vne chaudiere. Pour abreger, Dieu face la grace à ces misérables ce recognoistre, quitter leurs vsures & rapines & viure tous en bon & charitable Chrestien, Ainsi soit-il.

F I N.

De la Bibliothèque de Monsieur le marquis
Costa de Beauregard.

A Paris, de l'imprimerie de Ad. Lainé & J. Havard,
rue des Saints-Pères, au numéro 19.